# LIDERAZGO
## y CAPITAL INFLUYENTE

JA PÉREZ

# Liderazgo y Capital Influyente

© 2016 JA Pérez
Todos los derechos reservados en toda imagen y letra. Copyright © 2016 por JA Pérez.

**Nota de derechos**
Todos los derechos reservados. Ninguna parte de este libro puede ser reproducida o transmitida en forma alguna ya sea por medios electrónicos, mecánicos, fotocopiados, grabados o en ninguna otra forma sin el expreso consentimiento escrito de la publicadora.

**Nota sobre riesgos**
La información contenida en este libro es distribuida "como está" y sin garantías. Ni el autor ni Keen Sight Books se hacen responsables en cuanto a daños causados por interpretaciones individuales privadas del contenido aquí expuesto.

**Marcas Registradas**

**Liderazgo y Capital Influyente** es un título propiedad de JA Pérez. Publicado y distribuido por Keen Sight Books. Todas las otras marcas mencionadas son propiedad de sus respectivos dueños.
Excepto donde se indique, todos los textos bíblicos han sido extraídos de la versión Reina-Valera 1960. © 1960 Sociedades Bíblicas en América Latina; © renovado 1988 Sociedades Bíblicas Unidas. Reina-Valera 1960™ es una marca registrada de la American Bible Society.

Nota gramatical: El autor ha usado mayúsculas en el uso de "Él" (en la primera letra) cuando éstos son usados en referencia a Dios.

**Keen Sight Books**

Puede encontrarnos en la red en: www.KeenSightBooks.com
Reportar errores de imprenta a errata@keensightbooks.com

ISBN: 978-1-947193-06-2

Printed in the U.S.A.

*este manual es dedicado a todos los líderes que laboran con nosotros en nuestra querida América*

# Contenido

Introducción ............................................................................. 9

**1** Recompensa al Incremento ............................................... 13

**2** Dios da semilla al que siembra ........................................ 33

**3** El pan es una semilla muerta .......................................... 35

**4** El obrero recibe honra, más no multiplica su capital ........... 39

**5** El que mira a las nubes jamás multiplicará su capital ......... 53

**6** La inversión se redondea al mayor no al menor .................. 64

**7** La entrega de nuestras finanzas a Dios, marcan el índice de nuestra entrega espiritual ................................................ 68

**8** La escasez es la manera en que el corazón es pesado ......... 79

**9** Dios no te pasa a la abundancia hasta que no hayas entendido el propósito .................................................... 81

**10** Si no conoces el propósito de algo, abuso es inevitable .... 86

Plan de trabajo ........................................................................ 91

Trabajo de JA Pérez con líderes de Latinoamérica .................... 96

Otros libros por JA Pérez ........................................................ 99

## Esta literatura

Esta serie intenta comunicar al alumnado, doce columnas básicas elementales, necesarias para establecer los fundamentos sólidos sobre los cuales reposa el liderazgo sano.

No son éstos los únicos principios o conceptos que regulan la formación de un líder, sin embargo, estas doce áreas cubiertas en el libro, establecerán una buena base sobre la cual edificar.

Misión de la *Escuela de Liderazgo Internacional*

Levantar, equipar y enviar líderes de estatura, probados y consagrados, con visión global —listos para sentarse a la mesa con aquellos que moldean culturas, influyen decisiones y diseñan las ideas que dirigen el curso de vida en sus respectivos países.

¿Cómo lo hacemos?

A éstos procuramos proporcionar principios culturalmente sensitivos en un contexto internacional y ésto en sesiones exclusivas —todo en un marco de tiempo que líderes realmente ocupados pueden manejar.

Impacto a largo plazo

Líderes se han de formar con una mentalidad de impacto a largo plazo. Asegurando que la experiencia adquirida por los mismos se transmita de manera exponencial, a medida que se comprometen a influir a otros líderes y comunidades.

# Introducción

## Liderazgo y Capital Influyente
### Estrategias para incrementar nuestro poder adquisitivo

*El dinero sirve para todo*

*Por el placer se hace el banquete, y el vino alegra a los vivos; y el dinero sirve para todo. Eclesiastés 10:19*

Para poder realizar proyectos, aún aquellas iniciativas altruistas que forman parte de tu ministerio, fundación o alcance para ayudar a otros, necesitas capital.

Con los recursos necesarios en la mano es posible desarrollar sueños y traer esa visión que Dios ha puesto en tu corazón a la realidad.

El capital no solo te permite cubrir los gastos de dichos proyectos, también te abre puertas y te da opciones.

*La dádiva del hombre le ensancha el*

> *camino y le lleva delante de los grandes.*
> *Proverbios 18:16*

La dádiva que menciona el proverbio anterior puede tener un doble significado. Puede ser el don que está dentro de tí (y ese es un recurso), pero también puede significar el don (o regalo) que traes en tu mano.

Entonces es importante que podamos crear los sistemas y formas que nos permitan incrementar el capital operativo que tenemos en la mano de manera que podamos ensanchar el camino.

## *Cuando no te aman a tí, pero aman tu capital*

Quizá sea un poco triste que en ocasiones te inviten a una ciudad no porque te aman o estén impactados por tu predicación, sino más bien porque tu tienes algo a la mano que les puede beneficiar. En otras palabras, que te inviten por puro interés.

Tu pudieras tomar esa acción personalmente, entristecerte, y aun no aceptar la invitación, o pudieras aceptar la realidad de que este mundo gira por interés.

> *Las riquezas traen muchos amigos...*
> *Proverbios 19:4*

> *...muchos son los que aman al rico.*
> *Proverbios 14:20*

Debemos ser maduros y no tomar las cosas personalmente,

y más bien pensar en el bien que puedes realizar.

Entonces sea que te inviten porque te aman, o te inviten por interés de lo que tienes a la mano, al final del día lo importante que tienes delante de tus ojos una oportunidad, y tomarlo pudiera bendecir y mejorar la vida de otros, especialmente si se trata de ir y entregarles el mensaje de vida eterna en Cristo.

# Conceptos que producen capital influyente

# 1

## Recompensa al Incremento

Para explicar este primer principio le voy a describir un ejercicio que realicé.

Les pedí a cinco hombres que sacaran lo que tenían en la bolsa y lo dieran. Uno dió $44.00 dólares y otro no dió nada.

La pregunta es, después que recogimos todo, ¿a cuál de los cinco se lo damos? ¿Por qué estamos de acuerdo en dárselo al que más dió, si supuestamente es el que menos necesidad tiene?

El sistema económico de Dios es un sistema que bendice al que produce.

Cristo mismo dijo: *"al que tiene le será dado"*... en otras palabras *"para recibir, debes producir"*.

*"El sistema financiero de Dios es un sistema que bendice al que produce"* y yo sé que esto va ir en contra de lo que nos han enseñado y por eso es necesario renovemos nuestra mente

en esto.

Mateo 25:29 dice, (Cristo hablando):

> Porque al que tiene, le será dado, y tendrá más; y al que no tiene, aun lo que tiene le será quitado.

Vea el mismo texto en la nueva versión original:

> ... y tendrá en abundancia, al que no tiene se le quitará hasta lo que tiene...

Voy a la Biblia en castellano, en este caso...

> ...porque el que tiene recibirá más y tendrá más abundancia pero el que no tiene aun lo poco que tiene se le quitará...

Lo poco que tiene se le quitará. En lenguaje sencillo dice la Biblia:

> ... porque al que tiene mucho se le dará más y le sobrará pero al que no tiene nada hasta lo poco que tiene se le quitará.

Ahora, entiendo que en la interpretación de este texto el Señor se estaba refiriendo a la nación de Israel. A la nación de Israel se les iba a quitar de sus manos su propia tierra, porque ellos la habían descuidado. Inclusive le negaron la vida al dador de la vida y Dios vino y les quitó todo y perdieron todo.

La tierra que Dios le había prometido a Abraham, la perdieron en esa misma manera.

Pero el Señor, fíjate lo que Él escoge para profetizar acerca de lo que va a acontecer a la nación de Israel. Él escoge un "*principio económico*".

**Economías**

Este principio es basado en gran parte en una libertad esencial que Dios ha entregado al ser humano. Esta libertad nos permite decidir qué hacemos con nuestro capital. Dios nos ha dado libertad empresarial, o sea, somos libres para invertir, multiplicar, y aun perder nuestro capital.

Cristo estableció varios principios económicos en su ministerio terrenal y para explicar bien esto vamos a establecer definiciones de estos términos.

**Un sistema que es justo porque Dios es justo**

¿Crees que hay injusticia en ésto? ¡Nó, no hay injusticia! Hay justicia. ¿Por qué?

Porque Dios que es justo recompensa al que produce, al que multiplica, al que se esfuerza, al que avanza en las cosas, porque esa persona tiene determinación, tiene responsabilidad y tiene interés. Lo contrario del que dice: "*a mí que me pongan la comida en la boca, yo no quiero hacer nada*".

¿Sabe lo que dice Dios? Pues te quito lo poco que tienes, para que entonces ya no tengas nada.

Bajo una filosofía de dependencia, hay madres que siguen dando a luz cada año. Estas sacan la cuenta y dicen: "*...si me dan un cheque al mes por cada niño y luego comida, mejor sigo teniendo hijos*".

Como escribí antes. No estoy interesado en el aspecto político (o más específicamente, no quiero ser partidista) aunque es inevitable que al hablar aun generalizadamente, la política se entrelaza. Por lo menos no seré partidista y trataré de mantener mi postura en el reino de las ideas.

Sé que es común dentro de nuestras iglesias hispanas, gente recibiendo cheques de asistencia pública, aun cuando es evidente que hay salud y fuerzas para trabajar.

Hay gente que finge aun discapacidades para robarle algo al seguro cosa que entre cristianos no debe de existir.

Pero aparte de la mentira si estos ciudadanos supieran que lo único que están haciendo es cavando su propio hoyo financiero se retirarían de ahí, así es, se retirarían de ahí y pasarían de recibidor a dador, del que siempre está siendo ayudado al que puede ayudar a otros.

Porque en realidad la promesa que abarca el ser hijos de Abraham es que no solamente estaríamos bendecidos, sino que seríamos de bendición.

Es decir, pasar de recibidor a dador, del que siempre está siendo ayudado al que puede ayudar a otros.

Dios le dijo a Abraham:

> *...te bendeciré, te engrandeceré y serás de bendición.*

¿Y cuántos han sido engrandecidos?

Les escribo de lo que es estar engrandecidos porque para tu poder ser de bendición a alguien primero tienes que estar bendecido.

Tu puedes decir: *"Oh pero yo fui bendecido con toda bendición espiritual en los lugares celestiales en Cristo Jesús, Amén".*

Que bien, y eso es una posición tremenda pero el hijo aunque es señor de todo mientras que es niño (capítulo 4 de Gálatas) en nada difiere del esclavo.

Eres señor de todo, eres heredero de todo, eres hijo del dueño de toda la plata y del oro, sin embargo estas caminando como un esclavo.

¿Por qué razón? Porque tenías que crecer. Dejar de ser niño.

*"Te engrandeceré"* le dijo Dios a Abraham y luego le dijo *"serás de bendición"* y ese es el propósito de las finanzas.

Ese es el propósito de la abundancia en tu vida. Que seas de bendición a alguien.

No es para llenarte, no es para que digas *"hay quiero ocho casas, ocho carros, o tengo tres yates y cuatro aviones"*, no, no, no. No es para eso.

Al que más desprendido esté ni le preocupa cuantos aviones tiene, esto no se trata de quien tiene más juguetes.

Esto se trata de quien quiere ser de más bendición a otra gente y para tu ser de bendición tú tienes que tener con qué ser de bendición, si no tienes con qué ser de bendición, entonces es más difícil.

La Biblia nos manda a cuidar de los pobres y dice *"que el que le da al pobre es como el que le presta al Señor".*

*A Jehová presta el que da al pobre, Y el*

*bien que ha hecho, se lo volverá a pagar.
Proverbios 19:17*

Además dice que cuidemos a las viudas, y a los huérfanos.

*Si algún creyente o alguna creyente tiene viudas, que las mantenga, y no sea gravada la iglesia, a fin de que haya lo suficiente para las que en verdad son viudas. 1 Timoteo 5:16*

*La religión pura y sin mácula delante de Dios el Padre es esta: Visitar a los huérfanos y a las viudas en sus tribulaciones, y guardarse sin mancha del mundo. Santiago 1:27*

Escúcheme bien, hay que tener compasión y hay que ayudar al necesitado pero tú no ayudas a un necesitado haciéndolo dependiente, la manera en que tu lo ayudas es asistiendolo en salir de la necesidad y si yo puedo cambiar tu entendimiento yo te puedo ayudar más aun.

Si tú tienes un problema grave ahora y yo te digo ¿qué es lo que necesitas? ¿$5.00 dólares? yo te doy los $5.00 dólares y con eso no te saco del problema, pero si yo te enseño como crear por tí mismo el capital que necesitas, entonces tú vas a salir del problema... ya no habrá más problema.

Es por eso que cada vez que yo veo a un zángano pidiendo limosna en una esquina con una espalda grande y dos manos y dos pies... porque así es, a algunos yo los he visto en la carretera pidiendo dinero, jóvenes fuertes y me dicen: *"necesito para comer"*, ¿para comer? Ven te voy a conseguir trabajo.

Entonces ponen excusa... pero la verdad es que no quieren trabajar y Pablo dijo: *"que el que no trabaja que no coma"* ¿Es injusto eso? No. Eso solamente es justo.

## El sistema financiero de Dios es un sistema que premia al diligente

¿Por qué el sistema de Dios es basado en el principio de productividad? Porque los incentivos y los premios son para el que produce, *"el reino es quitado y dado a gente que produce, y el labrador no participa de los frutos si no trabaja primero"*.

Ahora vea bien, el que da más en el caso del reino, recibe más del reino.

¿No ha visto a las iglesias tradicionales que cuando van a orar por la ofrenda, oran por ella como si estuviera enferma, en vez de darle gracias a Dios por la habilidad de sembrar?

Vienen y dicen: *"Señor bendice al que da como al que no da"* y si yo soy un poquito listo y oigo esa oración yo digo ¡Pues mejor no doy, si al cabo es lo mismo!

No es así, eso no es lo que dice la Biblia.

Pablo dice:

> *...El que siembra escasamente, también segará escasamente; y el que siembra generosamente, generosamente también segará. 2 Corintios 9:6*

## Nuestra mentalidad

Esto nos ha afectado de tal manera que nuestra mentalidad

está acomodada a necesidad solamente.

¿Cuándo es la gente más motivada a sembrar? Cuando puede responder a una necesidad.

Tú has oído a ministerios radiales o de televisión decir: *"Hermano vamos a salir del aire si no mandan dinero"*. Ahí va la necesidad.

*"Vamos a quebrar"*. Ahí va la necesidad.

La gente responde a necesidad y no hay nada de malo en eso.

Está bien que tú veas una necesidad y la cuides, eso es bueno.

Pero si tú ves a alguien que Dios ha prosperado y está bendecido y que está fluyendo en abundancia, ¿Tú le das? (vamos a ser honestos). Más bien dirías: *"no, él puede arreglárselas por su cuenta"*, *"él tiene su negocio"*.

Entonces damos si vemos una necesidad, ¿cierto?

Si aplicamos este mismo principio en el mundo de los negocios, quiere decir que cuando vas a invertir dinero en una empresa, buscarás una empresa que tiene necesidad para invertir en ella, ¿cierto o no?

Por el contrario, buscarás una empresa próspera que tiene la habilidad de multiplicar tu inversión. O sea, no eres motivado(a) por compasión sino más bien buscarás cual es la buena tierra para sembrar.

Las finanzas en el reino de los negocios se mueven paralelamente a las finanzas en el reino de Dios.

Yo quiero buscar a alguien que está avanzando para invertir ahí, porque si yo voy a invertir en una compañía yo voy a invertir en una compañía que esté funcionando.

Tú no vas a invertir en algo que va a quebrar. Tú inviertes en una compañía con años de respaldo, sólida. Mira todos los años que han sobrevivido a todas las crisis y no son acelerados para crecer, tienen un crecimiento lento pero fuerte, lento pero seguro y tú dices ¡Ah esa me gusta! ¡Como que es buena tierra!

Así debemos invertir en el reino. No motivados por necesidad, sino por fe.

*Cada uno dé como propuso en su corazón: no con tristeza, ni por necesidad, porque Dios ama al dador alegre.* 2 Corintios 9:7

Esto no quiere decir que no demos a los pobres, o que seamos ciegos a la necesidad. Debemos ocuparnos de los pobres. La Biblia dice que *"a Jehová presta el que da al pobre".*

Entonces ¿Cuál es la diferencia?

Para comenzar. Mirándolo desde el punto de vista de inversión. El pobre nunca podrá ser recíproco, porque no tiene con qué, pero Dios que es el dueño de toda la plata y todo el oro, te está diciendo que él personalmente sale por fiador del pobre. Esto es buena inversión pues al darle al pobre estás invirtiendo en la empresa más rica de todas.

La otra cosa es la motivación del corazón.

Pablo dice que *"necesidad"* no sea la motivación[1]. Debemos dar en fe, y por supuesto con compasión a las necesidades pero motivados por fe.

Hay ministerios que continuamente piden para sobrevivir, siempre al punto de la exterminación.

Usted les dará (motivado por su necesidad), y ellos cubrirán su renta y saldrán de apuros... sobrevivirán.

Hay otros ministerios que ya tienen sus obligaciones cubiertas (no tienen necesidad) sin embargo todo lo que les entra lo invierten en misiones, proyectos evangelísticos, etc... Al dar a estos ministerios, usted NO es motivado por "necesidad" pues sus necesidades están cubiertas, sin embargo usted sabe que son buena tierra y estos recursos en sus manos producen mucho más para el reino.

Entonces... ¿Entendemos un poco más las palabras de Jesús cuando dijo: *"al que tiene, le será dado, y tendrá más; y al que no tiene, aun lo que tiene le será quitado[2]"*?

Voy a dar cuatro ejemplos de recompensa al que tiene, o lo que yo llamo *"recompensa al incremento"*.

## 1- Mil Holocaustos

> *Pero David había traído el arca de Dios de Quiriat-jearim al lugar que él le había preparado; porque él le había preparado; porque él le había levantado una en Jerusalén. Asimismo el altar de bronce que había hecho Bezaleel hijo de Uri, hijo de Hur, estaba allí delante del tabernáculo de Jehová, al cual fue a*

> consultar Salomón con aquella asamblea. Subió, pues, Salomón allá delante de Jehová, al altar de bronce que estaba en el tabernáculo de reunión, y ofreció sobre él mil holocaustos. 2 Crónicas 1:4-6

No hay registro de que alguien lo haya hecho antes que él, esto es sumamente exagerado.

La gente subía al altar y ponía un animal sobre el altar... uno. Ahora ¿Se imagina mil?

Exagerado, pero bien hecho.

Mil holocaustos ofrecieron.

> (Verso 7) Y aquella noche apareció Dios a Salomón y le dijo: Pídeme lo que quieras que yo te dé.

¿Estaba comprando Salomón a Dios? No.

Lo único que estaba haciendo es estableciendo quién es.

Con esta agresividad, ganó la atención de Dios.

¿Qué estaría haciendo Dios que dejó lo que estaba haciendo?

Es decir, Dios siempre está haciendo algo. La Biblia dice que *"sus ojos están siempre mirando la tierra buscando a alguien*[3]*"*.

Me imagino a Dios diciendo: ¡Espérate ahora vengo!, dejó lo que estaba haciendo y se le apareció a Salomón, no al día segundo, no al día tercero, sino esa misma noche y le dijo: Pídeme lo que quieras. ¿Y tú sabes por qué?

Porque alguien que está dispuesto a desprenderse de todo, es alguien que Dios puede usar, porque Dios sabía que si le ponía ahora diez mil, o veinte mil holocaustos a Salomón en la mano, Salomón los iba a quemar. No se iba a quedar con ellos.

¡El corazón de Salomón estaba en el lugar correcto!

El que no es sembrador se afecta con esto, se confunde, (en serio), hay gente que se confunde. Es más, es menester que se confundan. Algunas de las parábolas que habló Jesús eran aclararles algo a unos y a otros dejarlos más oscuros de lo que estaban. "Para que oyendo no oigan, viendo no vean, queriendo entender no entiendan[4]".

## 2- La Reina de Sabá

> *Oyendo la reina de Sabá la fama de Salomón, vino a Jerusalén con un séquito muy grande, con camellos cargados de especias aromáticas, oro en abundancia, y piedras preciosas, para probar a Salomón con preguntas difíciles. Y luego que vino a Salomón habló con él todo lo que en su corazón tenía... 2 Crónicas 9:1*

Es buena la fama (este tipo de fama), por ahí dicen que la fama es mala, dice la Biblia *"que el buen nombre es mejor que las muchas riquezas[5]".*

¿Sabe lo que es un séquito? Es una caravana de gente.

Si tu vas a ir delante del rey, primero, no puedes ir con las manos vacías, de hecho todavía es protocolo entre naciones. Los dignatarios cuando se juntan unos con otros van con un presente, un regalo de parte de un estado a otro estado. Nadie se puede presentar delante del rey con las manos vacías.

La ley de Moisés te dice que nadie se presentará delante del Señor con las manos vacías[6].

La ley establecía que si tú venías delante de Dios tenías que venir con algo en la mano.

Porque cada vez que alguien fue con una necesidad a un profeta en lo que yo he leído, esos profetas lo primero que hicieron fue preguntarles ¿qué era lo que tenían en la mano?

*"¿Qué tienes en casa?"* Así fue con Eliseo la viuda de Sarepta (2 Reyes 4:1-7).

La reina de Sabá era una mujer sabia, ésta era tan sabia que tomó a un séquito de gente y les dijo vamos con Salomón porque voy a hacerle preguntas, voy a probar su sabiduría.

Dice que vino con un séquito muy grande con camellos cargados de especias aromáticas, oro en abundancia y piedras preciosas para probar a Salomón con preguntas difíciles como dice exactamente en 2 de Crónicas 9:1 y 2.

Luego dice la palabra: *"y nada hubo que Salomón no le contestase"*. Ahí está el favor.

La Biblia dice que la dádiva abre puertas y te lleva delante de los grandes[7].

Esa reina profetizando ya estaba, y cosechó enseguida.

## 3- Las riquezas de Zaqueo

*Habiendo entrado Jesús en Jericó, iba*

> *pasando por la ciudad. Y sucedió que un varón llamado Zaqueo, que era jefe de los publicanos, y rico, procuraba ver a Jesús; pero no podía a causa de la multitud, pues era pequeño de estatura. Y corriendo delante, subió a un árbol sicómoro para verle; porque había de pasar por allí. Cuando Jesús llegó a aquel lugar, mirando hacia arriba, le vio, y le dijo: Zaqueo, date prisa, desciende, porque hoy es necesario que pose yo en tu casa.* Lucas 19:1-5

Ahora, Zaqueo ya era rico, ya tenía dinero, él era jefe de los publicanos.

Una pregunta... ¿Y si Zaqueo no hubiera tenido una recámara extra para que el Señor se quedase ahí? porque iba a posar con él y posar es quedarse la noche o que le hubiera dicho Zaqueo, ¡Espérame Señor porque yo solamente tengo una recámara y ahí duermo yo!

Vemos en Zaqueo la gracia de Dios en operación y algo más... vemos donde está el corazón de Zaqueo.

> *Entonces él descendió aprisa, y le recibió gozoso. Al ver esto, todos murmuraban, diciendo que había entrado a posar con un hombre pecador.* Lucas 19: 6, 7

**Murmuraban**

Esto es algo que debemos aprender ya.

Isaac cosechó cien por uno en el mismo año y los filisteos le tuvieron envidia.

> Y sembró Isaac en aquella tierra, y cosechó aquel año ciento por uno; y le bendijo Jehová.
>
> El varón se enriqueció, y fue prosperado, y se engrandeció hasta hacerse muy poderoso.
>
> Y tuvo hato de ovejas, y hato de vacas, y mucha labranza; y los filisteos le tuvieron envidia. Génesis 26:12-14

Tú tienes que aprender esto, es solo uno de los estragos de la abundancia, y para estar en abundancia tú tienes que aprender a que la gente esté murmurando de ti.

De hecho, me atrevería a decir que es imposible hacer las cosas con excelencia y que no exista algún tipo de murmuración, y esta puede ser ciertamente motivada por envidia. Mire lo que dice Salomón:

> He visto asimismo que todo trabajo y toda excelencia de obras despierta la envidia del hombre contra su prójimo. También esto es vanidad y aflicción de espíritu. Eclesiastés 4:4

Excelencia produce abundancia. Gente proactiva son fácilmente envidiados. Esto explicaría por qué Zaqueo es criticado por su acción de procurar ver de cerca al Maestro.

Aquí podríamos ver también la actitud de los religiosos, dispuestos a señalar a Zaqueo como no digno de recibir algo de Jesús, pues tenía un pasado.

Pero una vez más vemos en operación la gracia de Dios.

Veámos el resto de la historia.

> *(Verso 8) Entonces Zaqueo, puesto en pie, dijo al Señor: He aquí, Señor la mitad de mis bienes doy a los pobres; y si en algo he defraudado a alguno, se lo devuelvo cuadruplicado.*

El 50% de 100. Fíjate, mucha gente tiene tropiezo en darle a Dios un 10% y Zaqueo se para y dice: "la mitad" se lo voy a dar a alguien... a los pobres.

Y para reparar daños, Zaqueo dijo: *"... Se lo devuelvo cuadruplicado".*

> *(Verso 9) Jesús le dijo: Hoy ha venido la salvación a esta casa; por cuanto él también es hijo de Abraham.*

El padre de la fe a quien Dios le dijo que le iba a bendecir y lo iba a engrandecer e iba a ser de bendición.

> *Sabed, por tanto, que los que son de fe, éstos son hijos de Abraham. Gálatas 3:7*

## 4- María y el perfume

Este evento tu lo encuentras en otros libros históricos pero voy a usar el recuento de Juan.

*Seis días antes de la pascua, vino Jesús a Betania, donde estaba Lázaro, el que había estado muerto, y a quien había resucitado de los muertos.* Juan 12:1

Lázaro había estado muerto y el Señor lo había resucitado, quiere decir que Lázaro era una persona que recibió favor del Señor. El Señor conocía a Lázaro a Marta y a María, sus dos hermanas. Anteriormente ya el Señor había visitado Betania y se había quedado en casa de ellos.

¿En qué tipo de casas se quedaba el Señor? Si es al estilo de Zaqueo, el Señor se queda en casa de alguien que lo puede hospedar.

Quiere decir que Lázaro podía hospedar al Señor.

*Lázaro era uno de los que estaban sentados a la mesa con él, entonces María la otra hermana tomó una libra de perfume de Nardo puro de mucho precio y los enjugó y la casa se llenó del olor del perfume. Enseguida intervino Judas diciendo: ¿Por qué no fue este perfume vendido por trescientos denarios, y dado a los pobres?* Juan 12:5

Este tenía ideas contrarias a la economía de Dios. Mire lo que dijo Judas. Por otro lado siempre se te van a aparecer muchos Judas que te dirán: ¡Mejor lo hubiéramos tomado y se lo hubiéramos dado a los pobres!

Trescientos denarios era lo que le costó el perfume a María. ¿Sabe que es un denario? Un obrero ganaba un denario al día, trescientos denarios era el salario de un obrero de un año entero.

Se dice en otras palabras alabastro y se cree que era traído de la India, era una cosa muy valiosa. ¿Te imaginas que alguien venga con un perfume que cuesta el salario de un obrero de un año entero?

¿Cuánto gana una persona al año aquí? Vamos a decir que el perfume costaba $25,000 dólares. Para empezar María tenía que tener dinero, porque si no tenía no podía dar. ¡Qué cosa tremenda!

> *Pero dijo esto, no porque se cuidara de los pobres, sino porque era ladrón y teniendo la bolsa, sustraía de lo que se echaba de ella. Juan 12:6*

Que tremendo que el ministerio de Jesús tenía un ladrón y nunca tuvo problemas financieros.

> *Entonces Jesús dijo: Déjala; para el día de mi sepultura guardado esto. Porque a los pobres siempre los tendréis con vosotros, mas a mí no siempre me tendréis. Juan 12:7-8*

¡La oportunidad de darle al pobre siempre va a estar ahí, la oportunidad de sembrar para el reino no va a estar siempre ahí!

Pablo dice en Filipenses "*... yo sabía que ustedes estaban solícitos pero no tenían la oportunidad*" porque al reino solamente se le siembra en oportunidad.

A los pobres siempre los van a tener. Al reino es solo cuando Dios te da la oportunidad de sembrar.

**Los pobres ya tienen algo**

> ...como está escrito: repartió, dio a los pobres; su justicia permanece para siempre. *2 Corintios 9:9*

Quiere decir que ya Dios le dio a los pobres, dice Salomón:

> En el barbecho de los pobres hay mucho pan; mas se pierde por falta de juicio. *Proverbios 13:23*

Aquí dice que Dios le dio a los pobres, entonces si tú dices que eres pobre, tú estás tratando de decirle a Dios mentiroso porque la Biblia dice que él le dio a los pobres y tú no puedes ser pobre.

Dios dio y su justicia permanece para siempre y lo hace porque es justo.

**Acción de gracias**

> Y el que da semilla al que siembra, y pan al que come, proveerá y multiplicará vuestra sementera, y aumentará los frutos de vuestra justicia, para que estéis enriquecidos en todo para toda liberalidad, la cual produce por medio de nosotros acción de gracias a Dios. *2 Corintios 9:10,11*

Acción de gracias es producida cuando nosotros tenemos lo

suficiente para serle de bendición a alguien. De eso se trata la liberalidad.

Cuando tú das generosamente, tú das con liberalidad.

# 2

# Dios da semilla al que siembra

> *Y el que da semilla al que siembra, y pan al que come, proveerá y multiplicará vuestra sementera, y aumentará los frutos de vuestra justicia, para que estéis enriquecidos en todo para toda liberalidad, la cual produce por medio de nosotros acción de gracias a Dios.* 2 Corintios 9:10,11

"*Y el que da semilla al que siembra*", (el que siembra es una persona). Para el sembrador hay semilla.

"*Pan al que come*", este es otra persona, este no es el sembrador, el que come es otro. El que come y el sembrador son dos personas diferentes. Dios sólo da semilla al sembrador. Establezca esto primero antes de mencionar el siguiente principio.

1. Dios solo da semilla al sembrador

2. El sembrador y el que come son dos personas diferentes

Entonces al que es sembrador Dios le da semilla. Al que come le da pan.

¿Sabe por qué Dios le da pan al que come? Porque él prometió en Salmos 37:25

> *Joven fui, y he envejecido, Y no he visto justo desamparado, Ni su descendencia que mendigue pan.*

Dice otra traducción: *"jamás he visto justo desamparado ni a su simiente que mendigue pan"*.

Dios dijo que el justo no va a mendigar pan, esto es siembre o no siembre.

¡Hay personas que jamás siembran y siempre tiene comida!

Dios dijo que el justo siempre iba a tener pan, eso es pura misericordia de Dios, entonces no te preocupes tu puedes dejar de sembrar hoy y para los frijoles vas a tener.

Sin embargo, el que siembra está en otro nivel.

# 3

# El pan es una semilla muerta

Vea bien, Dios toma al sembrador y le da semilla y ¿qué sucede con la semilla? ¿Qué hace el sembrador con la semilla?

La multiplica.

Al que come le da pan. Y ¿Qué pasa con el pan?

El pan es una semilla muerta.

¿Sabe que hay en el pan? Tu tomas el trigo, lo mueles y haces pan pero una vez que te comiste el pan, ya esa semilla no dio más nada, va a la letrina[8] dijo el Señor.

El que come recibe pan, pero no prospera, porque el pan es semilla muerta.

Voy a ir más allá. El pan es una semilla muerta por eso es que al sembrador Dios no le da pan. El sembrador no necesita el pan nuestro de cada día porque la semilla da para sembrar otra vez y ahí sale para pan también.

Pero al que come (solamente), Dios no le da la oportunidad de tener semilla en su mano pues si se la da se la come.

Es como aquél que fue y sembró papas y le dió papas la tierra y dijo ¡mira qué lindo! y se las comió todas.

No. El buen campesino, si la tierra le da papas, el hace así y aparta la papa que es semilla para sembrar para la próxima siembra el próximo año.

Hay algunas personas que han cosechado una vez y dicen ¡mira lo que Dios dió! Y hasta lo testifican y todo, pero se lo comen todo.

¿Y la próxima vez que hace Dios? nada más le da pan porque Él dirá: ¡a ti, todo lo que te doy te lo comes! Entonces no te puedo dar semilla, porque la semilla no es para comer es para sembrar, te tengo que dar pan.

Ahora hablemos de la diferencia.

El pan no se multiplica. La semilla ya fue molida y una vez comida no se puede reproducir.

Esta es la libertad de abstenerse de sembrar y no sembrar más nunca en tu vida. Para conseguir pan tú no tienes que ser un sembrador si tu lo que quieres son solo para los frijoles, el chile y la tortilla para cada día para eso no tienes que ser sembrador. Si tu lo que quieres es para la merienda no tienes que ser sembrador, para conseguir pan no tienes que ser un sembrador. Solamente tienes que trabajar para comer, no necesitas sembrar, solo trabajar.

Pablo dijo en 2 de Tesalonicenses 3:10 *"...si alguno no quiere trabajar que tampoco coma".*

Entonces, para comer se trabaja. El trabajo te garantiza la comida.

Mire lo que a continuación va a leer porque esto va a cambiar su vida *"todo el que trabaja come"*, por lo menos frijoles.

Esa es una garantía. No pagarás tus facturas, pero comes.

Todo el que trabaja come.

Ahora al que le haya ido peor por lo menos tiene que decir que no ha dejado de comer, ¿Sí o no? ¿Cuántos se las han visto apretadas? Al que peor le ha ido por lo menos no ha dejado de comer y la prueba de eso es que está vivo, aquí está sentado leyendo y sin comer no se puede vivir, todo el que trabaja come.

No todo el mundo es sembrador.

No todo el mundo es sembrador por eso es que un ministerio corre con unos cuantos sembradores, yo les llamo *"colaboradores"*. Usamos el lenguaje Paulino.

Al sembrador Dios da semilla y la semilla se multiplica, el pan no se multiplica.

Trabajar es bueno. Todo el mundo tiene que trabajar, el sembrador también trabaja pero no se queda ahí. Siempre he abogado por la filosofía de mi abuela que dice que *"de los flojos no se ha escrito nada"*.

Es más, el Señor jamás llamó a un flojo al ministerio. Cada vez que el Señor escogió a alguien, escogió a alguien que ya estaba trabajando, los flojos no funcionan en ningún lugar para nada, tú tienes que trabajar.

Allá va Elías a seleccionar a quien Dios le había dicho, a Eliseo a quien iría a tomar su manto años después. ¿Sabe lo que estaba haciendo Eliseo? Estaba arando la tierra con 12 yuntas (24 bueyes). No era flojo.

Por eso por lo menos trabaja para que no seas parasito y no le seas carga a nadie y tengas por lo menos para los frijoles o pan.

Sin embargo, trabajando solamente, jamás conocerás la abundancia.

Tienes que trabajar pero trabajar no es suficiente. Por trabajar se le garantiza pan, pero el pan un día te lo comes, tienes que ir al próximo día a trabajar, eso es honroso, es bueno ganártelo todos los días con el sudor de tu frente. Eso es honroso pero hay algo superior, hay un camino más excelente, hay abundancia y no se consigue así, no he conocido todavía a un obrero que se haya retirado rico, no existe, lo que me lleva a darle el próximo concepto.

# 4

# El obrero recibe honra, más no multiplica su capital

Si usted comprende ésto, esto va a cambiar su vida para siempre, no es malo ser obrero, es honroso, pero jamás vas a ver abundancia, tiene que haber algo más por encima de eso.

¿Quiere ver la prueba?

30,000 personas se quedaron sin trabajo porque van a cerrar unas plantas de una ensambladora de autos. Ahí han estado toda la vida trabajando. Buenos obreros y muchos de ellos estudiaron e hicieron carrera, estudiaron para lo que saben hacer y de pronto se quedaron sin trabajo. ¿Ahora que van hacer? ¿Sabe que yo he conocido personas que han trabajado duro toda su vida y han muerto pobres?

El sistema de finanzas está diseñado para que el obrero no prospere.

El sistema financiero que maneja este mundo está diseñado

de tal manera que el obrero jamás prospera. Si te suben el salario 2% al año, entonces la inflación fue del 3% que era el promedio en donde estamos nosotros (antes de la recesión) y siempre estás detrás porque ese 1% que no te aumentaron tienes que pedirlo prestado a alguien y solamente la inflación te mantiene en deuda el resto de tu vida.

¡Tiene que haber un camino más excelente!

Nosotros cometemos un error con nuestros hijos cuando los mandamos al colegio y los preparamos para trabajar para alguien más.

Les digo a mis hijos desde ahora ¡No quiero que trabajen para otros! ¡No quiero que ustedes vayan a la escuela y saquen un título y luego vayan a entrar en la carrera corporativa para que alguien les esté gritando!

¡Prepárense, redondeen su conocimiento, aprendan lo que tengan que aprender! Si pueden aprender tres lenguajes, mejor.

Vayan a la Universidad. Yo empujo a estos jóvenes a que se preparen. ¡Posean la rama!

Pero no se preparen para ser obreros porque el obrero muere obrero.

No le estoy calentando la cabeza a nadie, estoy hablando de estos principios porque están en la palabra de Dios *"al que tiene le será dado, al que no tiene, lo poco que tiene le será quitado".*

El obrero jamás llega a tener lo suficiente, y nosotros tomamos a nuestros hijos y les decimos: *"Mi hijito ve a la escuela, prepárate, para que consigas un buen empleo. Encuentra un buen trabajo, si es posible búscate un trabajo en una empresa grande, esos son buenos, ahí no te corren".*

Y sí.

Probablemente van a conseguir un buen trabajo y tendrán buenos beneficios, los suficientes para mantenerte ahí mientras te ocupen. El día que no te necesiten te quitan los beneficios y te desemplean. Todo es mientras te necesiten.

Ellos, los que te emplean, no van a morir pobres, ellos no son obreros, tú eres obrero y tú mueres obrero.

El que (solamente) trabaja lo único que consigue es pan y el pan no se multiplica.

La abundancia viene solamente al que invierte (al sembrador).

Este principio es suficiente para cerrar este libro y si Dios te está dejando saber estas cosas, también es porque te ha dado la habilidad para que si tú te esfuerzas y crees y confías en Él, salgas de ese círculo llamado *"promedio"*, que es un enemigo.

La idea de prepararte pare ser obrero no es una buena idea.

Hay algo mejor.

Que se despierte el espíritu de empresario en ti, que se te despierte el espíritu de negociante que tienes dentro.

**Testimonio de un amigo y su esposa**

Yo conocí a un señor, esta persona cuidaba el estacionamiento de la carpa (en nuestros días de cruzadas misioneras bajo carpa), y era fiel para cuidar y poner los autos en su lugar.

¿Sabe a qué se dedicaba él?

Tenía un carrito de madera con dos rueditas y preparaba frutas con chile y se las vendía a la gente y una noche yo tuve un sueño (y vaya que no soy de sueños, esta es una de esas excepciones de la regla). Soñé a este varón y miré que él tenía una caravana, una flota de camiones grandes, inclusive vi el color de los camiones que eran amarillos y blancos.

Recuerdo que después del sueño hablé con él y aunque no le pude decir todo lo que vi, le dije: *"¡Sube! que yo veo delante de tu vida unas cosas tremendas"*.

El no sabía leer ni escribir.

Este hombre tomó las leyes de la siembra y la cosecha atentamente y se las aprendió puesto que era un dador.

Lo primero que hizo fue que se consiguió un carrito y con éste le empezó a ir un poquito mejor y los primeros frutos que sacó en el segundo carrito vino y lo sembró en el ministerio y fue prosperado un poco más.

Él seguía sembrando, pero sembraba agresivamente y hacía decisiones con sabiduría, apoyándose en los principios bíblicos que iba aprendiendo. Le fue mejor y compró un carrito rojo y ¿Sabe que hizo con ese carro? Aunque él lo necesitaba, lo sembró.

Estaba ejercitando siembra y cada vez le iba mejor y ¿Sabe después que volvió a hacer? Compró un van y lo sembró al ministerio y su negocio seguía prosperando con más carros.

Luego alguien vino con él y le ofreció un restaurante que tenía porque otra persona ya no lo podía atender. Se tenía que ir por una emergencia, oiga que tremendo que Dios *"te da viñas que tú no sembraste"*.

A este hombre solo le dijeron hazte cargo del lugar, paga la renta y lo que quede de aquí es tuyo, simplemente que no se pierda el edificio. El hombre fue con su mujer y empezaron a atender ese lugar que estaba ubicado a la pasada de la carretera, de hecho hacían la comida tan rica que se llenaba ahí de choferes de camiones de carga que llegaban a comer de ida y de regreso.

A nosotros nos llegaron a hospedar y cada vez que yo iba por esa ruta a predicar me paraba ahí y me decían: *"Venga a comer para acá"*, pero usted no pague nada, usted sirve a Dios.

Ellos me decían: *"Usted está obligado a venir a comer cada vez que pase por esta zona, y si no llega nos enojamos y no solamente usted está invitado sino todos los que viajan con usted"*.

Nos alimentaban y cuando salíamos y nos montábamos al carro el tanque de gasolina del carro estaba lleno. Tenían un espíritu de servir y les fue mejor y mejor. ¿Sabe usted lo que hacía la esposa de él en su tiempo libre? Bajaba al pueblo y buscaba colaboradores y cada mes venía a visitarnos y nos traía una bolsa con dinero para invertir en las misiones y decía: ¡Miren les traje esto! No se preocupen, yo lo recogí por allá con la gente del pueblo y aquí está.

Y este hombre y su esposa seguían prosperando.

En poco tiempo puso una frutería, ya no tenía carritos.

Cuando yo regresé años después de una gira y di una vuelta por ese rumbo el hombre no solamente tenía una frutería sino que ahora era un distribuidor y estaba distribuyendo frutas a todo el estado. Su empresa creció. De un simple vendedor ambulante llegó a ser un hombre de mucha influencia.

Era un hombre muy trabajador, pero no solamente era trabajador, también era sembrador, porque trabajar te da pan y no te pasa de ahí pero ser sembrador te lleva a otro nivel.

El y su esposa hallaron la manera de prosperar y las leyes de la siembra y la cosecha funcionaron para ellos.

¿Tiene Dios preferencia? No. Dice la Biblia que Dios no hace excepción de personas. La Biblia dice que "Él dio a los pobres" y eso también te puede pasar a ti.

El obrero muere obrero, el sembrador prospera.

¿Cómo sucede esto?

Esa es la gran pregunta y tu cabeza da vueltas porque tú eres una persona razonante.

Tú puedes estar diciendo: *"yo lo único que sé hacer es mi oficio, lo único que sé hacer es levantarme en la mañana e ir allá y trabajar ¿de dónde y cómo Dios va hacer eso?"*

**La cosecha es un milagro**

La cosecha es una ciencia sobrenatural, vea bien, es sobrenatural.

Implementa ciertos factores humanos. Por ejemplo *"el que se acuesta a dormir y cruza brazo sobre brazo le viene calamidad*[9]*"* y eso es un principio que está escrito.

¿Cómo viene la abundancia al sembrador?

Dios le da viñas que él no plantó, no las trabajó, al trabajador Dios le da la viña que está trabajando y esa le da pan.

Trabajando tú recibes dividendos de tu obra, de tu labor, al sembrador Dios le da no las viñas que él plantó porque las que él plantó son limitadas y al hablar de abundancia tú tienes que quitar lo límites.

> *Cuando Jehová tu Dios te haya introducido en la tierra que juró a tus padres Abraham, Isaac y Jacob que te daría, en ciudades grandes y buenas que tú no edificaste, y casas llenas de todo bien, que tú no llenaste, y cisternas cavadas que tú no cavaste, viñas y olivares que no plantaste, y luego que comas y te sacies...*
> *Deuteronomio 6:10, 11*

Esta gente llevaba 400 años de esclavos. ¿Qué pudo haber aprendido toda esta gente todos estos años de esclavos? ¿Qué oficio? ¿Hacer ladrillos?

Y les iba bien si había paja porque si se seguían multiplicando el Faraón les quitaba la paja y después tenían que hacer ladrillos sin paja.

¿Qué aprende un ladrillero?

A tomar tierra, juntarla y meterla en el horno. Más nada.

Los esclavos no aprendían ningún oficio, ni tenían ningún

tipo de estudio, ni estaban preparados para administrar nada.

Y Dios les dijo: *"Yo les voy a introducir en la tierra y les voy a dar todo eso que ya está hecho".*

Sólo dos fueron los que pudieron llegar. Porque la cosecha es para un remanente ¿Sabe que los que venían de Egipto tuvieron que morir en el desierto?

Pero aunque dos venían desde allá que habían sido esclavos, poseyeron todo.

¿Y los que nacieron en el desierto que aprendieron? ¿Qué tu aprendes en el desierto? ¿Qué tu puedes hacer? Es más, ahí en el desierto no tenían nada que hacer, ahí Dios mandaba el maná y los alimentaba. Se podían poner a protestar porque no tenían carne y Dios les mandaba codornices... hasta por las narices.

Leamos esta promesa en la versión de Las Américas.

> *Y sucederá que cuando el Señor tu Dios te traiga a la tierra que juró a tus padres Abraham, Isaac y Jacob que te daría, una tierra con grandes y espléndidas ciudades que tú no edificaste, y casas llenas de toda buena cosa que tú no llenaste, y cisternas cavadas que tú no cavaste, viñas y olivos que tú no plantaste, y comas y te sacies...*
> *Deuteronomio 6:10, 11*

Veamos ahora Josué 24:13

> *Y os di una tierra en que no habíais*

*trabajado, y ciudades que no habíais edificado, y habitáis en ellas; de viñas y olivares que no plantasteis, coméis.*

Esta es la promesa, es lo que dijo Dios que iba a hacer con ellos ¿verdad que sí o no? Cuando Dios dice algo lo cumple. Hay gente que trabaja toda la vida para conseguir algo y no lo consigue. Hay gente que lucha toda la vida por un sueño de lograr algo y se muere en el proceso.

*"Para edificar casa, ciudades que no edificaste"* ¿Sabe porque tiene que ser así? Porque para el sembrador la cosecha viene apresuradamente y no hay tiempo, la abundancia es por multiplicación y tú no tienes tiempo en la corta vida que tienes de edificar mucho.

Si tú te pones a edificar casas ¿cuánto tiempo te lleva terminar una casa? Y luego para hacer otra ¿Cuánto tiempo te lleva? Entonces cuando hayas hecho cinco casas tú ya te pusiste viejo.

Cuando tu vas a hablar de abundancia, la abundancia tiene que ser algo que tu no hayas hecho que te sea entregado, mire Josué 24:13 *"Y os di una tierra en que no habíais trabajado, y ciudades que no habíais edificado, y habitáis en ellas; de viñas y olivares que no plantasteis, coméis."*

Eso es multiplicación mas allá de lo que pudiera plantar.

¿Cómo viene la abundancia al sembrador?

Sobrenaturalmente. Tú has visto a gente que tú dices *"oye a esa gente que fácil le va y qué rápido han subido"* ¿verdad que sí o no?

Y tú dices: "hace poco los vi y estaban en estragos y de pronto mira empezaron a hacer esto y todo les funciona". ¿Por qué hay gente que todo lo que hace les funciona y todo lo que tocan lo multiplican y porque no te pasa a ti?

Te puede pasar a ti.

Veamos a una referencia de cómo funcionan estas transferencias de bienes.

> *El bueno dejará a los hijos de sus hijos;*
> *Pero la riqueza del pecador está guardada*
> *para el justo. Proverbios 13:22*

De hecho, en Proverbios se concentran las leyes de la siembra y la cosecha.

Tu sabes lo que me dice la Biblia a mí, que los pecadores tienen un montón de cosas en sus manos que no les pertenece a ellos, me pertenecen a mí, de la misma manera que los que estaban en aquella ciudad edificando. Habían plantado y Dios dijo: *"estos están trabajando para mis hijos que vienen por el desierto y mientras los tengo en el desierto no están haciendo nada, están comiendo maná".*

> *...la riqueza del pecador está guardada*
> *para el justo... Proverbios 13:22*

¿Por qué para el justo? No solo Dios tiene el pan para que él no mendigue sino también riqueza.

> *El que aumenta sus riquezas con usura*
> *y crecido interés, Para aquel que se*
> *compadece de los pobres las aumenta.*
> *Proverbios 28:8*

"...*el que aumenta sus riquezas con usura...*" ¿Quiénes son los que aumentan su riqueza con usura? Los impíos, los torcidos, y ¿quiénes son los que se compadecen de los pobres? Nosotros.

Enseñar a los pobres a dejar de ser pobres es la mejor manera de compadecerse de ellos.

> *Porque al hombre que le agrada, Dios le da sabiduría, ciencia y gozo; mas al pecador da el trabajo de recoger y amontonar, para darlo al que agrada Dios.* Eclesiastés 2:26

Salomón dice: *"que Dios da el trabajo de recoger y amontonar para darlo al que le agrada a Dios"* ¿Y tú crees que por medio de la siembra y la cosecha uno agrada a Dios? Él tiene al pecador recogiendo y amontonando para dárselo al que le agrada a Él.

¡Eso es gracia! La siembra y la cosecha actúan en gracia, es algo inmerecido. Y tú puedes decir *"pero yo no merezco tanto"*. Yo tampoco. Tenemos más de lo que nos merecemos, de cualquier forma.

> *...y te daré los tesoros escondidos, y los secretos muy guardados, para que sepas que yo soy Jehová, el Dios de Israel, que te pongo nombre.* Isaías 45:3

Tesoros escondidos. Usted dirá: *"ahí no está hablando de dinero, está hablando de sabiduría"*. ¡Mejor! Si a Salomón se le apareció Dios y le dijo *"pídeme lo que quieras"* y Salomón le dijo *"quiero sabiduría"*.

¿Quieres sabiduría? Qué bueno, como no pediste riquezas,

te voy a dar las dos cosas *"Sabiduría y Riquezas"* ¡Gloria a Dios!

Leamos Job 27:16,17 (el libro más antiguo del canon).

> *Aunque amontone plata como polvo, y prepare ropa como lodo; La habrá preparado él, mas el justo se vestirá, y el inocente repartirá la plata.*

¿De dónde viene? de ahí, porque la abundancia no es otra cosa que transferencia.

¿Sabe por qué?

Porque todo lo que tú necesitas ya está en algún lugar en la tierra.

Está en manos de alguien, está en el banco. Todo el oro que tú necesitas ya está en esta tierra, es más, mucho de ese oro ya lo sacaron de las minas. Alguien lo está amontonando.

¿Cómo sucede la transferencia?

De la manera que tú menos te esperas.

Yo he oído cosas de personas que dicen: *"yo fui a tal lugar y en el momento correcto, alguien estaba apurado y no sabía qué hacer con aquello y en eso Dios me había suplido a mí, de un día para otro".*

Es un sinnúmero la cantidad de cosas que pueden pasar.

¿Funciona aquí?

Claro funciona aquí, en México en Asia y funciona en

todo lugar.

## Conocimiento versus sabiduría

Debemos entender que el conocimiento académico es bueno, pero conocimiento y sabiduría son dos cosas diferentes.

Conocimiento se logra con esfuerzos, sabiduría viene de Dios.

Puedes ser un científico, gran cantidad de científicos se mueren pobres, y vaya que son cerebros porque inventan cosas y les dan premios pero se mueren pobres.

Alguien puede decir: *"a mí nunca nadie me enseñó a hacer algo"*.

¡Ora a Dios! Él te da la idea, Él es el Dios de las ideas y te pone a hacer algo que nadie lo está haciendo y de una manera en que nadie lo está haciendo y es ahí donde encuentras tu lugar.

Una vez que estás adentro, empieza la multiplicación, porque se liga lo sobrenatural con una habilidad que también es sobrenatural porque Dios te la da y tú lo único que tienes que hacer es seguir la guianza del Espíritu de Dios.

## Tú estás listo para la abundancia

El obrero muere obrero, el sembrador prospera.

Dice Deuteronomio:

> *Sino acuérdate de Jehová tu Dios, porque él te da el poder para hacer las riquezas, a fin de confirmar su pacto*

*que juró a tus padres, como en este día.*
*Deuteronomio 8:18*

La gloria y la honra a Dios, no hay pobreza en medio nuestro. ¡Gloria a Dios!

# 5

# El que mira a las nubes jamás multiplicará su capital

La sabiduría que nos ha sido permitida a nosotros de acuerdo a lo que dice primera de Corintios, había estado oculta desde los siglos y edades y es mayor que la sabiduría de Salomón.

Esto quiere decir que nosotros estamos en posición de disfrutar todo lo que tiene el Padre en mayor medida que la de Salomón.

Vamos de regreso a Salomón.

*Echa tu pan sobre las aguas; porque después de muchos días lo hallarás. Reparte a siete, y aun a ocho; porque no sabes el mal que vendrá sobre la tierra. Si las nubes fueren llenas de agua, sobre la tierra la derramarán; y si el árbol cayere al sur, o al norte, en el lugar que el árbol cayere, allí quedará. El que al viento*

> *observa, no sembrará; y el que mira a las nubes, no segará. Como tú no sabes cuál es el camino del viento, o cómo crecen los huesos en el vientre de la mujer encinta, así ignoras la obra de Dios, el cual hace todas las cosas. Por la mañana siembra tu semilla, y a la tarde no dejes reposar tu mano; porque no sabes cuál es lo mejor, si esto o aquello, o si lo uno y lo otro es igualmente bueno. Eclesiastés 11:1-6*

Dígalo: "no se pierde".

En otras palabras, cada vez que tengas la oportunidad de sembrar, tu siembra... tú no puedes decirle a la tierra que no.

Cada vez que la tierra te presenta la oportunidad para poner semilla, tú pones semilla.

Cuando se te da la oportunidad mira lo que tú haces y con esto vamos a Filipenses para entender bien el concepto, este es Pablo hablando a los Filipenses.

> *En gran manera me gocé en el Señor de que ya al fin habéis revivido vuestro cuidado de mí; de lo cual también estabais solícitos, pero os faltaba la oportunidad. No lo digo porque tenga escasez, pues he aprendido a contentarme, cualquiera que sea mi situación. Sé vivir humildemente, y sé tener abundancia; en todo y por todo estoy enseñado, así para estar saciado como para tener hambre, así para*

*tener abundancia como para padecer necesidad. Filipenses 4:10-12*

Y hablando de necesidad le voy a explicar porque viene la escasez en ocasiones en tú vida y cuál es el propósito de la escasez.

Así que, cada vez que se te dé la oportunidad de sembrar, tu siembras porque no es de sabios dejar pasar la tierra sin ponerle nada, es tierra que está ahí y si no se pierde.

La tierra esta lista, tiene minerales, tiene con qué engrandecer el fruto pero si no pones semilla pues no hay nada con que crezca, por esa razón tu siembras cada vez que hay oportunidad, no solamente cada tercer domingo, no en la mañana solamente, no cuando es día de fiesta solamente, cada vez que hay oportunidad toma tu semilla y ponla en tierra... en cada oportunidad, no te abstengas.

Pero note el verso 4 otra vez de Eclesiastés que es adónde voy a enfocar el principio que voy a establecer y dice el verso 4...

*El que al viento observa, no sembrará;
y el que mira a las nubes, no segará.
Eclesiastés 11:4*

Y ese es el principio que voy a establecer: *"El que mira a las nubes no cosecha"* y le voy a explicar por qué hasta donde yo puedo explicar, porque hay una parte que no la puedo explicar y ahora va a ver por qué.

Hay muchas distracciones en la vida, muchas de ellas te dan miedo como por ejemplo cuando te dicen: *"te van a despedir, van a desemplear gente"* y mejor guardas los 4 centavos que tienes por ahí. Te aterrorizas y entras en miedo, y dices: *"me va a ir mal, o me van a desemplear o no me van a dar esta posición, o oí decir que el cheque va a llegar tarde para el siguiente mes, etc..."* y vienen circunstancias y esas circunstancias te quitan la vista de las promesas de Dios, el que ha prometido que si *"siembras generosamente cosechas generosamente"*.

Lo único que hacen es que te quitan la vista de esas promesas y en miedo te retraes.

¿Sabe por qué vienen las malas rachas?

Las malas rachas son motivadas por las circunstancias, porque emocionalmente la gente hace decisiones, pero es que a la hora de sembrar y de cosechar tú no puedes dejar que tus emociones dicten lo que tú vas hacer.

Es más, tus emociones no deben dictar nada en tu vida, tu jamás haces alguna decisión cuando estás emocionado o cuando tienes algún tipo de sentimiento en cuanto a algo.

La otra cosa es que Salomón aquí te explica algo del mismo verso 4 *"El que al viento observa, no sembrará; y el que mira a las nubes, no segará"*.

Como tú y yo no sabemos cuál es el camino del viento, porque ¿cuántos saben cuál es el camino del viento?

> *Como tú no sabes cuál es el camino del viento, o cómo crecen los huesos en el vientre de la mujer encinta, así ignoras la obra de Dios, el cual hace todas las cosas.*
> *Eclesiastés 11:5*

Toda esta ciencia trabaja en lo oscuro[10]... observa este texto:

> ... *si el grano de trigo no cayere en tierra y muriere no produce fruto pero si cayere y muere produce mucho fruto... Juan 12:24*

¿Y dónde cae el grano?

En tierra, en la oscuridad, bajo la superficie donde no se ve, donde no hay sol, donde no lo ves.

Escondido y tu no lo ves crecer porque está bajo tierra pero de pronto tú te das cuenta que crece porque empieza a salir una ramita verde y luego otra y cuando vienes a ver ya tienes una planta que ya está por encima de la superficie.

Es ahí donde entonces puedes ver el crecimiento y los frutos pero mientras esa semilla se está rompiendo y desarrollando debajo de la tierra tu no la ves.

Las reglas que regulan la abundancia son sobrenaturales, la cosecha es un milagro. No lo ves, por eso es que no podemos caminar por lo que vemos.

Como dice Pablo a los Corintios:

> *...por fe andamos, no por vista. 2 Cor 5:7*

Todo esto es de fe. ¿Y en qué me baso?

En lo que cita la palabra que dice que si yo soy generoso a la hora de sembrar, Dios va a ser generoso conmigo a la hora de cosechar, no por lo que yo siento, no dejo que mis temores dicten lo que yo voy a sembrar.

Cuando tu propones en tu corazón lo que vas a dar porque

cada uno da como propuso en su corazón no según sienta.

Yo he oído a hermanitos decir: *"usted dé lo que usted sienta"*, ¡no! usted dé *"lo que propuso en su corazón"*.

Tú eres motivado en fe, tú no das motivado de acuerdo a lo que tú sientes porque tus sentimientos se pueden equivocar, son como la marea del mar que va y vienen como las olas que suben y bajan.

Hay días que nos levantamos y nos sentimos bonitos, hay días que nos levantamos y no nos sentimos tan bonitos, hay días que queremos amar y hay días que queremos odiar.

Hay días que a alguien lo quieres abrazar y que al otro día lo quieres olvidar, porque esto es así, son las emociones.

Por eso tanta gente tienen problemas matrimoniales porque un día quieren amar a su esposa hasta la muerte y al otro día no. Hay días en que tú te levantas en la mañana y no quieres ir a trabajar pero tú te vas a trabajar. ¿Verdad que sí o no? Porque a tu patrón no le importan tus emociones. Entonces tu patrón tiene más poder que tus emociones y... ¿Por qué no habría de tener más poder la palabra de Dios en tu vida que tus emociones? ¿Entonces, cómo yo sé que funciona esto? No lo sé, yo veo los frutos, veo la abundancia llegar de la misma manera que el niño crece en el vientre, que sus huesos empiezan a crecer y tu no los ves.

*El texto en Eclesiastés 11:5* está muy claro... leámoslo una vez más.

> *...Como tú no sabes cuál es el camino del viento, o cómo crecen los huesos en el*

> *vientre de la mujer encinta, así ignoras la obra de Dios... Eclesiastés 11:5*

La frase *"ignoras la obra de Dios"*, indica que algunas de éstas cosas naturalmente no se pueden explicar.

La siembra y la cosecha son leyes espirituales y dice la palabra...

> *Pero el hombre natural no percibe las cosas que son del Espíritu de Dios, porque para él son locura, y no las puede entender, porque se han de discernir espiritualmente. 1 Corintios 2:14*

Dice la versión Reina-Valera Antigua...

> *...porque el hombre animal no percibe las cosas que son del espíritu de Dios porque no las puede entender porque para él son locura y se han de discernir espiritualmente.*

En cambio el espiritual juzga todas las cosas y las leyes de la siembra y la cosecha son totalmente espirituales.

Son totalmente sobrenaturales, tu sabes porque la palabra lo promete, pero el desarrollo en sí de cómo sucede eso es un misterio.

Cuando hablo de misterio dice la palabra que los misterios se nos han sido revelados pero el mecanismo detrás del misterio ese no te ha sido revelado.

Dios se reserva algo ¿pero para qué? Para que haya

operación de fe, porque si te enseñara el mecanismo entero ya no es por fe.

¿Qué sentido tiene que para tu recibir, te tienes que quitar lo que posees y darlo? Sería al revés, cualquier analista financiero te diría: "para tener, lo que tiene que hacer es acumular y guardar" ¿sí o no?

Una mujer, una vez vino y me dijo: *"yo fui a hacer mis impuestos y mi analista financiero me dio una regañada tremenda"* ¿Y por qué te regañó? pregunté.

*"Dice que yo estaba dando mucho a la iglesia. Y me dijo que esto no era así, porque yo tengo que guardar dinero para esto y para esto otro y que lo que yo estaba haciendo estaba mal".*

Yo le dije a ella: *"Bueno, tu puedes hacer una de dos cosas, tu puedes oír lo que Dios dice sobre finanzas o tu puedes oír lo que dice tu consejero financiero"*, y me dice ella: *"Oh, es que él tiene mucha experiencia, él graduó de no sé qué escuela y tiene tres títulos. Lo voy a escuchar a él".*

*"Está bien"*, le dije yo, y el resto de la historia ya usted se la sabe.

Al poco tiempo llegó ella a la Iglesia y dijo: *"Voy a pedir oración porque no tengo para cubrir la renta".*

Dios no te quiere ver así.

¿Tú sabes lo que es ser un hijo de Dios y que a cada rato te estén llamando para cobrarte cosas y que te estén tocando a la puerta? cuando la Biblia dice que *"no le debas nada a nadie[11]"*, cuando la Biblia dice que *"el que pide prestado es siervo del que presta[12]"*.

## El que mira a las nubes no cosecha

El que mira a las circunstancias, el que trata de entender el proceso antes de practicarlo. Me refiero al mecanismo.

Una pregunta ¿Usted tiene carro?

Y si usted tiene carro... ¿Usted sabe cómo funciona todo lo que sucede adentro del motor?

No. Tú solo le pones la llave y te lleva, ¿verdad que sí o no?

Es más. Ni los mecánicos saben explicarlo muy bien.

Usted dirá: *"No, pero tiene pistones"*, yo también sé que tienen pistones.

¿Qué más tiene? *"Tiene anillos"*, yo también sé que tiene anillos. Quiere decir que yo puedo tomar una caja y le pongo pistones y anillos y a ver que pasa. No.

Hay algo más y finalmente no lo puedo explicar. Sin embargo, mi auto me lleva a muchos lugares sin yo saber cómo funciona.

Cuando yo era niño y veía las caricaturas yo pensaba que los personajes vivían allí dentro del televisor, y yo le preguntaba a mi mamá... *"¿Oye y cuando nosotros apagamos el televisor ellos se van adormir ahí dentro?"* Pero en la mente de un niño como le explicas. Y yo continuamente preguntaba y decía: *"Pero es que si ellos están en otro lugar ¿Por qué cuando yo prendo el televisor ahí salen?"*

Finalmente después de tantas preguntas mejor ya no me

explicaron nada.

Hicieron lo mismo que el cura del pueblo, que le hice tantas preguntas que un día me dijo: *"Ya no moleste más. Váyase a lavar los dientes u otra cosa pero no esté aquí preguntando cosas"*.

Verdad que los niños te cansan con preguntas hasta que llega el momento que le dices: *¡está bien!*

Así son las leyes que regulan la abundancia, esa semilla cae en tierra y empieza a producir y tú no lo ves pero se está formando y de pronto vino por ahí un fruto que tú no esperabas.

Cheques que no esperabas, personas que te debían y no te habían pagado. Viñas que no plantaste.

Tú no sabes de donde sale, de pronto alguien se muere que tú pensabas que era pobre y puso a tu nombre su herencia.

La vida da vueltas, de pronto sale un filisteo que anda huyendo de alguien y de pronto tú te encuentras la viña.

Como en una compañía que esta persona llegó a pedir trabajo y le dijeron: *"tú vas a ser el gerente general de la empresa"* y él respondió: *"pero yo no vine aplicar para eso"*.

*"Sí ya sabemos que tu no aplicaste para eso, pero en este momento tu eres la persona perfecta para esa posición, lo tienes que hacer"*.

Sucede que este muchacho fue a aplicar para un trabajo de $55,000 dólares al año, pero como él estaba tan desesperado por trabajar se dijo a sí mismo: *"Si me ofrecen otro trabajo con un sueldo más bajo yo lo acepto"*.

Pero sucede que le dicen, *"Nosotros no te queremos para ese trabajo, nosotros necesitamos un gerente general, y tú eres el hombre"*.

Y lo tomaron sin experiencia y lo empezaron con $75,000 al año. De pronto subió de $55,000 a $75,000 ¿Cuánto es la diferencia? $20,000 dólares más al año.

¿Con eso te puedes comprar un par de camisetas? ¿Verdad que sí o no?

¿Por qué? Porque Dios puso gracia, tocó a alguien, movió cosas por aquí, movió cosas por acá. Así trabaja Dios. Ah, pero este muchacho era un sembrador.

# 6

# La inversión se redondea al mayor no al menor

Vamos otra vez a Eclesiastés...

*Echa tu pan sobre las aguas; porque después de muchos días lo hallarás.*
*Eclesiastés 11:1*

Hay un tiempo entre la siembra y la cosecha eso está establecido y el verso 2 dice *"Reparte a siete, y aun a ocho; porque no sabes el mal que vendrá sobre la tierra"*.

Las cosas se van a poner malas, redondéalo al mayor no al menor, ahí hay otra regla, no hay tiempo, cuando las cosas se van a poner malas, es más, cuando las cosas se van a poner malas es cuando más hay que sembrar.

Eso lo he dicho a la gente desde hace tiempo. Cuando yo me huelo crisis que viene, vacas flacas que vienen moviendo las campanas, en ese momento empiezo a sacar de todo y empiezo a sembrar con locura.

Siembro hasta lo que no puedo, ¿Sabe por qué? porque yo sé que esa es mi única oportunidad para pasar la crisis.

Estaba José preso en Egipto y Dios le dio un sueño al Faraón y en el sueño vio una vacas flacas y unas vacas gordas y Dios le interpretó el sueño por medio de José y le dijo: *"es que vienen siete años buenos pero después van a venir siete años de crisis y de hambre"*. Entonces Faraón dijo bueno: ¿Y qué vamos a hacer?

Y José dijo: *"yo tengo la solución, de todo lo que se haga aquí en la tierra vamos a recogerle a la gente el 20%, o una 5ta parte"* que es lo mismo.

Me imagino los cristianos en las Iglesias, que su Pastor les diga: *"siembra un 20% de lo que tocan tus manos"*. Pegan el grito en el cielo.

Pero de acuerdo a las reglas que regulan la abundancia no es así. Es al revés, porque van a venir siete años de vaca flacas aumenta el grano. ¡Pon más grano en el almacenaje! Tipo del granero donde se guarda el grano o el alfolí porque eso no es otra cosa que un alfolí.

Y llegó José y dijo: *"como viene un tiempo de crisis ¡Vamos a subir el porcentaje de grano que va al granero!"*

Redondea al mayor, jamás redondees al menor.

Hay creyentes que sacan la cuenta y dicen me gané $105.00 dólares, bueno le voy a dar a Dios $10.00 dólares al cabo ahí es más o menos.

No has visto instancias donde la gente le da centavos a Dios y lo que se cuenta en la ofrenda son un montón de monedas.

Recuerdo en una Iglesia que fundamos, al principio la gente no sabía dar, y entraban muchas monedas en la ofrenda. Me contaban los que hacían el depósito que en el banco no recibían ese depósito con buena cara (pues lo tenían que contar). Al tiempo, cuando el pueblo de Dios aprendió a dar, ya los depósitos no llevaban monedas, pues todos habían aprendido a redondear al mayor.

Siempre redondea al mayor, pon las cosas más altas. En eso muestras tu generosidad. Mide con vara amplia para que seas medido de la misma manera.

Ahora voy a regresar al caso del varón que fue a aplicar para el trabajo de $55,000 dólares al año y le dieron uno de $75,000 pero él ya venía por dos años atrás diezmando para $75,000 dólares.

Vea bien, las leyes de la cosecha te dicen *"que tú estableces el tamaño de la cosecha cuando siembras"*.

**El tamaño de la cosecha se establece en la siembra**

Entonces tú decides qué tipo de cosecha quieres. ¿Qué tipo de finanzas tú necesitas para alimentar a tus hijos y a tu familia?

Redondeas al menor, pues te bajan. Dios dice: *"Éste se conforma con eso, eso es lo que quiere, vamos a darle un bajoncito"*.

Contrario al que es agresivo y diligente porque dice la Biblia:

*... los pensamientos del diligente siempre van a la abundancia.*

O sea. Siempre va para arriba, nunca para abajo.

Es como el que va al restaurante y deja propina de $1.13 de dólar. Mejor déjale $5.00 dólares. *"No hermano pero es que yo saqué la cuenta y bueno ¿cuál es la norma en los restaurantes? 15%, en otros 18% (en los más lujosos)"*. Fíjate que hasta en algunos restaurantes te cobran 18% de propina, estos están más tremendos que la ley de Moisés.

Si tú te comiste $100.00 dólares en una sentada ¿Cuánto sería la propina $18.00 dólares?, pues ponle $20.00 dólares.

*"No pero es que en el restaurante aquel me cobran el 15% ¿Por qué le voy a dar el 18%?"* y hay gente que es así y ahí le echan sus $3.00 dólares arrugados en la mesa a la pobre muchacha. Con razón cuando llegas la próxima vez ni te quieren atender y mejor te mandan a un mesero novato que no sabe atenderte bien.

En serio, a los tacaños eso es lo que les toca, los que aun no saben muy bien donde quedan las cosas pero ¿por qué te tocan esos? Porque ya saben que tú eres tacaño.

Pero al dador las puertas se le abren todo el tiempo, es más, se pelean por atenderlo, por ayudarle, si no hay una mesa buscan una mesa para él. En cuestiones de dar siempre, pero siempre, redondea al mayor, eso es un principio espiritual.

# 7

## La entrega de nuestras finanzas a Dios, marcan el índice de nuestra entrega espiritual

Ésto es una fórmula.

Cuando yo empecé en el ministerio (que para la gloria y honra de Dios ya estamos celebrando 35 años en esta carrera), a mí me enseñaron que las finanzas no eran algo espiritual, yo siempre separaba una cosa de la otra.

Todo lo que tenía que ver con dinero no se hablaba en la iglesia, no se hablaba de eso porque había un problema con eso terrible. Los predicadores no podían mencionar dinero y había ese estigma de que eso no era algo espiritual. Sin embargo eso no es lo que Cristo nos enseñó.

Cuando abrí los ojos a ésto aproximadamente hace 20, o 21 años y que entendí cómo funciona la siembra y la cosecha me dí cuenta que la cosecha es todo espiritual.

Dar y recibir es una práctica espiritual y esto me lo había dicho un sabio.

Un pastor llamado César Vicente, un hermano mayor de edad que me dijo muchas cosas que iban al revés de lo que la mayoría decía.

Ya él se fue con el Señor hace muchos años, pero él me dijo una vez: *¡Mira muchacho, en el dar, tú sabes quién está verdaderamente entregado a Dios!*

¿Cómo puede ser eso? ¿Qué tiene que ver una cosa con la otra?

Yo pensaba que el que estaba más entregado a Dios era el que más ayunaba o el que más vigilias hacía o el que más obras de caridad completaba.

Años después me dí cuenta que este hombre me había dicho muchas cosas que yo no las entendía en ese entonces y que después las vine a entender.

Es más, para empezar me dijo que una persona que no siembra para tu ministerio no está contigo.

¿Por qué? Porque no tiene nada invertido. Las personas invierten solamente en aquello que aman. Eso no lo entendía yo.

Tú no has visto que las compañías hoy en día, parte de lo que tú ganas ellos quieren que lo inviertas en un sistema al que llaman "profit share" y ellos mismos te dan dividendos sobre eso.

Si tú trabajas para una compañía grande especialmente

compañías que son públicas (que están en Wall Street, en la bolsa de valores) esas compañías quieren que tú como empleado de ellos apartes parte de lo que ganes y sea reinvertido en su misma compañía.

¿Y qué sucede?

Que si tú amas un lugar e inviertes en él, tú no te vas a ir porque hay fidelidad.

Tú no te vas fácilmente de un lugar si has invertido en él. Si tú has invertido en algo tú te quedas aún si viene un tiempo malo.

Las personas que no son dadoras pero que de vez en cuando dan al ministerio, un día por cualquier cosita se enojan y salen corriendo.

Tú vez que se van fácilmente porque no tienen nada invertido.

No tienen nada que perder.

Hay gente que están en la iglesia y piensan *¿Para qué voy a invertir, si al rato yo me voy?* que cosa tan carnal. Tú solamente puedes invertir en algo que amas.

Veamos la sabiduría con que habló Jesús en relación a este concepto. El dijo:

> *...no os hagáis tesoros en la tierra donde la polilla y el orín corrompe... Mateo 6:19*

Tú tienes que estar desprendido. Si tú estás atado a las cosas terrenales, la avaricia empieza a operar en tí y donde hay avaricia hay una obra de la carne viva operando y eso interrumpe cosechar.

Es más, la avaricia es lo que trae la tendencia a retener. *"Quiero más, lo quiero más grande, quiero otro más bonito, quiero ésto, se me antoja aquello, mira qué bonito está ese auto, está más bonito que el mío, quiero el de ella"* y cuando vienes a ver lo que se está activando en tí son otras cosas que no son espirituales.

Fíjate, y te lo vuelvo a repetir y que sea claro.

El propósito por el cual Dios te engrandece es para que seas de bendición, no para que seas lleno de vanagloria.

Acuérdate de la promesa a tu Papá Abraham *"te bendeciré, te engrandeceré y serás de bendición"*.

Ahora, Dios no puede ser burlado. Dios no te va a engrandecer para que tú lo gastes en tus deleites y en cosas que mueren y que no producen, o que no tienen trascendencia, no.

No funciona así con Dios.

¡Dios no puede ser burlado!

Dios te deja tener cosas buenas mientras estés desprendido de ellas, el quiere que tú tengas cosas buenas y que las disfrutes mientras estés desprendido de ellas.

Tan desprendido que en cualquier momento lo puedas dar.

Si algo de lo que tú posees no lo puedes dar en cualquier momento, esa cosa ya te está atando, lo que sea, botas, zapatos, calcetines, casa, carro, lo que tú tengas en tu posesión.

Si es algo que no puedes dar ya te posee.

Si hay algo en tu vida, algo material de lo que no te puedes desprender eso te posee.

Dios te deja que tu disfrutes todas las cosas buenas, casas, carros, aviones, barcos, camellos, caballos, lo que sea mientras que ninguna de esas cosas te aten.

Mientras que ninguna de esas cosas cambien la opinión tuya en cuanto a algo.

Que ninguna de esas cosas te vayan a influenciar en cuanto a tú moverte de un lugar a otro para servir a Dios.

Por eso es que los misioneros cuando van al campo misionero (valga la redundancia) una de las cosas que primero se les aconseja es que no compren propiedades, porque si compran una propiedad y luego Dios les quiere mover a otra ciudad a levantar otra obra, están atados.

¿Por qué cree que tan poca gente está dispuesta a ir de misioneros a algún lugar?

Porque hay que dejarlo todo.

Y si tú estás dispuesto a dejarlo todo, Dios estas dispuesto a usarte.

Si tú estás dispuesto a desprenderte de todo, Dios está dispuesto a prosperarte pero tienes que estar dispuesto.

Que no haya nada que te ate, que no haya nada en tu vida que te pueda controlar.

Veamos lo que dice el Señor en el contexto de Mateo 6:19 donde ya leímos: *"No os hagáis tesoros en la tierra, donde la polilla y el orín corrompen, y donde ladrones minan y hurtan"* —continuemos leyendo ahora el verso que sigue:

> *...sino haceos tesoros en el cielo, donde ni la polilla ni el orín corrompen, y donde ladrones no minan ni hurtan. Mateo 6:20*

El mejor banco, el más seguro de todos, el que jamás se va a declarar en bancarrota, es el banco de Dios.

Entonces la idea se cierra en el verso 21. Leámos:

> *Porque donde esté vuestro tesoro, allí estará también vuestro corazón. Mateo 6:21*

**Donde está tu tesoro, está tu corazón**

Si tu vista, tu tesoro está en cosas pasajeras, tu corazón está en cosas pasajeras.

Si tu tesoro está en cosas eternas, tu corazón está en las cosas eternas.

¿Determina la espiritualidad de una persona la siembra?

Claro que sí.

En la manera de sembrar se sabe si una persona está entregada al Señor realmente.

El que está desprendido de las cosas terrenales, busca las cosas de arriba, dice la palabra. Mientras más desprendimiento de las cosas de abajo, mas acercamiento a las de arriba.

Mientras más te ates a las terrenales, más lejos estás de

las celestiales. *"Donde está vuestro tesoro allí estará también vuestro corazón".*

Así que, la entrega de nuestras finanzas a Dios marca el índice de nuestra entrega espiritual.

Mira a Abraham, el padre de la fe.

Dice la Biblia que cuando le dio los diezmos a Melquisedec le dio los diezmos de todo y quiere decir todo.

No solo dinero, es más, lo que trajo a Melquisedec no era del salario, no era de las ganancias, no era de las entradas regulares de Abraham, fue de algo extra.

La gente por lo regular el fin de semana lo aparta y dice yo le doy a Dios de mi salario.

Alguien me preguntó un día y me dijo: "Cuándo voy a marcar el porcentaje que le voy a dar Dios, ¿de dónde lo marco del neto o del bruto?"

Le respondí: *"Bueno, depende de qué cosecha quieres, si quieres una cosecha de lo neto o de lo bruto".* Con la medida que mides serás medido.

Ya que te dedujeron para el seguro médico, para la caja de ahorros del plan de retiro, los impuestos del estado, los impuestos federales, y la muchas otras cosas que se restaron de tu salario en bruto ¿qué te quedó?

Si dices: *"¡de esto le voy a dar a Dios un tanto por ciento!"* entonces pusiste a Dios después de que habías terminado con el César. O sea, pusiste a Dios al final.

Nota que los que somos financieramente independientes (o sea que no trabajamos para alguna empresa), no tenemos ese problema porque cuando yo voy a darle al César lo que es del César ya todo lo tuve en mi mano.

Y me dice alguien... ¿Cuál es la regla?

Dios no necesita ni el diez por ciento, ni el quince por ciento tuyo. Dios quiere tu corazón. Él te quiere a ti con todo, porque cuando tú eres de Dios y todo lo que tú tienes es de Dios, Él puede disponer de todo lo que tú tienes y es entonces que Él te deja tener.

Abraham fue y no dio de su salario.

Vamos a decir, no dio del cheque del viernes una parte.

No. Él dio algo que no estaba en el salario regular.

Porque hay gente que dice: "Yo le doy a Dios. Yo soy diezmador". Los fariseos eran diezmadores también, así que no has impresionado a nadie.

Yo conozco diezmadores que han dividido iglesias y son problemáticos, hay diezmadores legalistas, los cuales juzgan a otros solo por ser diferentes o porque no se sujetan a esta medida.

Diezmador no es necesariamente sembrador, hay gente que da el diezmo por miedo, porque se siente culpable o porque están asustados, no por amor.

¿Tú sabes en qué eres tentado?

Tú no eres tentado con tu chequecito de $120.00 dólares que

te dan al fin de semana, de eso darle a Dios un por ciento no es difícil. Más bien, tú eres tentado cuando te llega algo que tú no lo estabas esperando y que es una suma a la cual no estabas acostumbrado y es allí donde tú eres probado.

¿Te imaginas el botín que le quitaron a aquellos cuando llegaron allá? eso fue un despojo grandísimo.

Esta gente despojaron todo, éstos habían llegado y se habían llevado todo y todo lo recuperaron.

El despojo era grande y ¿sabes a quién le pertenecía el despojo? Al que lo recuperaba. Y ¿sabes lo que hace Abraham?

Dice la Biblia que fue delante de Melquisedec el sacerdote que se menciona (sin genealogía ni principio, ni fin de días). A él le dio los diezmos de todo el botín, no de lo regular, no del salario, no de lo normal sino de la abundancia, porque así funciona tu siembra, y Dios te prepara una cosecha.

Y cuando llegue esa cosecha debes estar seguro de algo, de que te acuerdes de Dios porque eso es lo que te prepara para la próxima cosecha que viene después.

Por lo regular la gente diezma de lo poquito seguro y se engañan a sí mismos, pero ¿a quién van a engañar? si eso es entre tú y Dios.

¿Alguna vez alguien te ha preguntado cuanto tú dás?

La iglesia debe ser un organismo donde jamás se le pregunta a alguien por qué da o por qué no da.

En muchas iglesias denominacionales si tú no diezmas no te ponen en la lista de miembro en plena comunión, es más, no te puedes hacer miembro de la iglesia para empezar.

En este ministerio, jamás nadie te ha dicho nada, aquí tú llegas y te alimentas de la palabra igual que todo el mundo y jamás te van a decir nada.

Eso es entre tú y Dios. Pero toma nota. Dios está pesando tu corazón todo el tiempo.

Yo conocí un pastor que ¿sabe lo que hacía?

Al que no daba diezmo lo ponía en una lista y la colocaba en la entrada de la iglesia.

Ahí pegaba la lista en la pared y decía: *"estos son los hermanitos que no están diezmando e incluía todos los nombres"*.

Que tremendo. Los avergonzaba. ¡Qué yugo!

En el caso de Abraham. Él recuperó algo que se veía perdido y hay gente que viene a orarle a Dios por cosas de gente que le deben y dice: *"Señor me deben ésto y no me lo quieren pagar"*, oran por cosas que ya están perdidas, que piensan que no las pueden recuperar y ¿Tú sabes por qué Dios no les deja que las recuperen? Porque su corazón no está en darle a Él, lo que es de Él y mientras su corazón no esté en el lugar correcto Dios deja que eso se pierda.

¿Tú quieres ver a Dios hacer milagros?

Pon tu corazón derecho en ésto y tú vas a ver que todos los que te deben te van a pagar. Van a venir a ti, tarde o temprano.

Puede ser que tome tiempo y si no vienen ellos, Dios por otro lado levanta a uno mejor que ellos y te trae abundancia para avergonzar a aquellos que te robaron.

Dice la Biblia que *"si el ladrón fuere sorprendido pagará siete veces[13]"*.

Algo que estaba perdido, ¿te imaginas recuperarlo siete veces? Eso es mejor que estar llevando gente a la corte.

Si Dios está en tu cuestión, eso quiere decir que si alguien te robó, va a pagar siete veces.

Eso dice la Biblia, yo confío lo que dice la palabra de Dios, lo robado se te va a pagar con creces. Hay gente que ha estado perdiendo algo que les pertenece por derecho y le ruegan a Dios que les ayude a recuperarlo pero no están dispuestos a entregárselo a Dios.

Dios no ha hecho nada por tí en esa área porque el corazón no está en el lugar correcto.

Dale lo que estaba perdido a Dios, dáselo antes de recuperarlo, cualquier conquista, arma, botín, herencia, algo que se veía perdido y se ha recuperado, de tus vacas, de tu ropero, de tu despensa, de lo que venga.

De lo que toquen tus manos, de todo.

Yo recuerdo que en el campo misionero nosotros llegamos a lugares donde la gente era de campo, donde no había dinero, pero de vez en cuando en la tarde aparecían dos cajas de tomate. Uno se apareció un día con cinco gallinas y pescado fresco. Esa gente linda, está acostumbrada a dar de lo que Dios les da.

La siembra no se limita a dinero... incluye todo.

# 8

# La escasez es la manera en que el corazón es pesado

Éste es un principio maestro que está por encima y detrás y en éste principio se esconden dos principios más.

A todos nos va a llegar o nos ha llegado en algún momento de nuestra vida.

¿Por qué razón? Por dos cosas.

Número uno, y este es otro principio: *"Dios no te pasa a la abundancia hasta que no hayas entendido el propósito"* y número dos: *"si no conoces el propósito de algo, abuso es inevitable"*.

¿Por qué tú crees que los niños que no han sido entrenados en finanzas no saben cómo darle a Dios?

Todo porque sus padres no los enseñaron y no se les enseña propiamente como llevar sus finanzas, ni cómo ahorrar dinero o como guardarlo.

No saben cómo tienen que darle a Dios y a como balancear su libro de cheques.

Si tú no les enseñas a esos niños, cuando esos niños crecen salen allá afuera y lo primero que hacen cuando son mayores de edad es meterse en deuda.

Adquieren una tarjeta de crédito y se van al centro comercial y acaban con la tarjeta y luego aplican para otra tarjeta más y luego para pagar una agarran otra y cuando vienen a ver son unos niños todavía que tiene 24 o 25 años y ahora están ahogados de pura deuda.

Vamos por partes.

Para explicar por qué es en la escasez que el corazón es pesado, será necesario entrar en las dos reglas que siguen (y que están escondidas en ésta).

# 9

## Dios no te pasa a la abundancia hasta que no hayas entendido el propósito

Regresando a los niños a los cuales sus padres no les entrenaron en cuestiones de finanzas y crecieron y fueron y se metieron en deudas.

¿Por qué razón les paso eso? porque no conocían el propósito y cuando tú no conoces el propósito de algo, abuso es inevitable.

Es como los hijos de ricos que los padres no les enseñaron y de pronto toman la herencia entera y la malgastan y la acaban despilfarrando por todos lados. *"Se me antoja comprar un yate, o compra este avión"*, etc., y se lo gastan todo.

Hasta que no conozcas el propósito por el cual ése bien te es dado tú vas a estar malgastándolo.

Si tú no conoces finanzas, vas a tener un problema grave en tu vida.

Finanzas debe ser algo que se les enseña a nuestros hijos sistemáticamente, debe aprenderse como se maneja el dinero.

Si yo le doy a mi hijo ahora cincuenta dólares, antes de que yo llegue a la otra esquina ya él se los gastó, él les busca un uso enseguida.

Pero si yo lo traigo a trabajar conmigo y le pago por hora ese dinero y se le pone viejo en la cartera y no lo gasta, luego dice: *"Papá quiero esto"* y le digo tú tienes dinero. Él dirá: *"No, ese no"*. ¿Por qué? Porque le costó.

Mi hijito *"¿verdad que cuesta trabajo?"* y el hijo responde: *"sí Papá"*. Ah que bueno.

*"¿Tú sabes para que lo tienes?"* pregunta le padre y enseguida responde el hijo con otra pregunta: *"¿Para qué Papá?"*

*"Para que lo inviertas y para que lo uses bien. Para que cuando venga la oportunidad de algo estés listo para esa oportunidad"*. Así que nosotros tenemos que educar a nuestros hijos y enseñarles el propósito de las riquezas, el propósito de las cosas. Y no sólo a ellos. Nosotros ya crecimos y es posible que nadie nos haya educado en esta área.

Nosotros también debemos aprender cual es el propósito de las finanzas. En Deuteronomio capítulo 8 vas a ver un ejemplo de esto.

Vamos a la ley, al libro número 5 de la ley (o pentateuco) y dice el verso 2:

> *Y te acordarás de todo el camino por donde te ha traído Jehová tu Dios estos cuarenta*

*años en el desierto, para afligirte, para probarte, para saber lo que había en tu corazón, si habías de guardar o no sus mandamientos. Deuteronomio 8:2*

¿Para qué fueron afligidos en el desierto?

Para saber lo que había en su corazón.

La escasez es la manera en que el corazón es pesado.

El que ya está en abundancia ya salió de escasez y se mantiene en abundancia.

El que entra en algún tipo de prosperidad, que puede ser que sea una prosperidad en este caso temporal y no conoce estas cosas, regresa a la escasez, y tú vas a regresar a la escasez las veces que sea necesario, hasta que aprendas la lección.

Ésto no es el sistema de escuelas de California que te pasan de un grado para otro. Que te dan promoción para que tú estima no se baje.

Ésto no es la escuela del estado. En la escuela de Dios tú vas a estar en el mismo grado hasta que lo apruebes bien. Aquí no hay promociones pasando de un grado para otro sin saber nada.

No, tú vas a sacarlo y lo vas a sacar bien y hasta que no aprendas la lección en ese nivel no vas a pasar al próximo nivel.

Es que hay gente que está arrastrándose en el mismo nivel, que está dando vueltas en el mismo nivel y que continúa tropezando con lo mismo porque no han aprendido la lección.

Una vez que la aprendan se mueven al próximo nivel.

> *Cuando yo era niño, hablaba como niño, pensaba como niño, juzgaba como niño; mas cuando ya fui hombre, dejé lo que era de niño. 1 Corintios 13:11*

Así que tienes que entender las cosas para qué pasan, para que puedas ir al próximo nivel, para que puedas crecer.

Es como cuando alguien cae y falla a Dios y hace una cosa que no debía hacer y se queda allí y ¿Por qué se está quedando allí? Porque no ha aprendido.

¿Por qué tú crees que hay gente que se casa y se divorcia y en el segundo matrimonio les va mal y el tercero le va mal y el cuarto le va mal y a las cinco mujeres que han tenido las acusan de lo mismo?

¿Por qué alguien repite el trauma una y otra vez? Y bueno, se entiende que alguien tenga un fracaso y le pueda ir mal. Cualquiera fracasa, pero aprende de su fracaso.

Pero hay otros que no aprenden. Son atraídos por las mismas cosas una y otra vez.

Hay que aprender a vivir. Ésto es un arte y hay que aprenderla. Los golpes financieros, las malas decisiones, los errores nos deben enseñar algo.

Dice Deuteronomio:

> *Y te afligió, y te hizo tener hambre, y te sustentó con maná, comida que no conocías tú, ni tus padres la habían*

*conocido, para hacerte saber que no sólo de pan vivirá el hombre, mas de todo lo que sale de la boca de Jehová vivirá el hombre. Tu vestido nunca se envejeció sobre ti, ni el pie se te ha hinchado en estos cuarenta años. Deuteronomio 8:3,4*

¿Há pasado hambre usted alguna vez? ¿Aprendiste algo?

Qué bueno, gloria a Dios y si no aprendiste vas a seguir pasando hambre hasta que aprendas.

# 10

# Si no conoces el propósito de algo, abuso es inevitable

¿Y todo ésto para qué?

En Deuteronomio está el propósito.

> ...y digas en tu corazón: Mi poder y la fuerza de mi mano me han traído esta riqueza. Deuteronomio 8:17

Ésto es lo que Dios detesta.

Que tú digas mira, lo logré porque soy inteligente, lo logré porque estudié y soy muy talentoso.

Lo logré porque soy bien parecido y soy guapo, y lo hice porque soy tremendo.

Eso es lo que Dios detesta. A Dios no le gusta eso, a Papá no le gusta eso.

Dios quiere que la gloria sea toda para Él. Él no la comparte con el género humano.

Él no comparte su gloria con nadie, Él no quiere que tú digas: *"Yo fui, fue mi habilidad, lo hice porque soy buen vendedor. Mi poder y la fuerza de mi mano me han traído esta riqueza".*

No.

> *Sino acuérdate de Jehová tu Dios, porque él te da el poder para hacer las riquezas, a fin de confirmar su pacto que juró a tus padres, como en este día. Deuteronomio 8:18*

El propósito es de confirmar su pacto.

¿Sabes por qué Dios está interesado en que tú estés prosperado en todas las cosas? Porque tú eres partícipe del pacto que él hizo con Abraham.

Sabes que ese pacto dice ¿Que la ley que vino después no la pudo invalidar?

No pudo invalidar ese pacto.

¿Cómo tú vas a andar diciendo a la gente que eres hijo de Abraham por ahí y te ven que andas mendigando?

*"Oh yo estoy bendecido"* y dicho sea de paso *"¿me prestas unos veinte dólares hermano? porque estoy un poco aplastado esta semana".*

No. Esto no habla bien de tu relación con Dios.

Si tú eres partícipe de ese pacto que Dios hizo con tu padre Abraham, es necesario que lo representes bien.

Cuando tú eres prosperado de la manera que Dios ha preparado, su pacto es confirmado en tí. Ésto es glorioso.

## *Dejando la mentalidad de crisis*

### La bendición de un equipo que funciona con baja adrenalina

Cuando no conocemos los principios que nos preparan para multiplicar capital, es muy difícil administrar una organización.

Siempre habrá crisis financiera.

¿Ha asistido usted o ha sido parte de una cruzada donde la última noche salen los líderes a la plataforma a levantar una ofrenda de emergencia?... ¿Ha notado la presión que ponen sobre la gente?

Parecería que un equipo que continuamente tiene presión financiera es un equipo dinámico que funciona con alta adrenalina, pero la realidad es que ésto no es saludable ní positivo.

Prefiero trabajar en un equipo donde nunca hay crisis financiera. Un equipo proactivo, que planea estratégicamente su economía con tiempo. No crisis. No drama.

Podrías llamarle *"un equipo con baja adrenalina"*, pero yo veo los beneficios de trabajar sin presión, con un ritmo estable, firme pero eficaz y con logros constantes.

Para lograr trabajar con esta dinámica, es necesario que aprendámos a crear un continuo capital de operaciones.

**Notas:**

1- Cada uno dé como propuso en su corazón: no con tristeza, ni por necesidad, porque Dios ama al dador alegre. 2 Corintios 9:7.

2- Mateo 25:29 Porque al que tiene, le será dado, y tendrá más; y al que no tiene, aun lo que tiene le será quitado.

3- 2 Crónicas 16:9 Porque los ojos de Jehová contemplan toda la tierra, para mostrar su poder a favor de los que tienen corazón perfecto para con él. Locamente has hecho en esto; porque de aquí en adelante habrá más guerra contra ti.

4- Marcos 4:12 para que viendo, vean y no perciban; y oyendo, oigan y no entiendan; para que no se conviertan, y les sean perdonados los pecados.

5- Proverbios 22:1 De más estima es el buen nombre que las muchas riquezas, Y la buena fama más que la plata y el oro.

6- Éxodo 23:15 La fiesta de los panes sin levadura guardarás. Siete días comerás los panes sin levadura, como yo te mandé, en el tiempo del mes de Abib, porque en él saliste de Egipto; y ninguno se presentará delante de mí con las manos vacías.

7- Proverbios 18:16 La dádiva del hombre le ensancha el camino Y le lleva delante de los grandes.

8- Mateo 15:17 ¿No entendéis que todo lo que entra en la boca va al vientre, y es echado en la letrina?

9- Proverbios 24:34 Así vendrá como caminante tu necesidad, Y tu pobreza como hombre armado.

10- Juan 12:24 De cierto, de cierto os digo, que si el grano de trigo no cae en la tierra y muere, queda solo; pero si muere, lleva mucho fruto.

## Liderazgo y Capital Influyente

11- Romanos 13:8 No debáis a nadie nada, sino el amaros unos a otros; porque el que ama al prójimo, ha cumplido la ley.

12- El rico se enseñorea de los pobres, Y el que toma prestado es siervo del que presta. Proverbios 22:7

13- No tienen en poco al ladrón si hurta para saciar su apetito cuando tiene hambre; Pero si es sorprendido, pagará siete veces; Entregará todo el haber de su casa. Proverbios 6:30,31

# Plan de Trabajo

Medite en lo leído y use los espacios debajo para completar su tarea.

Si usted ha usado la versión digital de este material y lo ha tomado como curso, puede someter las respuestas electrónicamente para calificación a la siguiente dirección:

eli@japerez.com

Incluya en su correspondencia:

1- Título de este manual

2- Su nombre y apellidos completos

Alternativamente lo puede enviar por correo tradicional a:

**Escuela de Liderazgo Internacional**
P.O. Box 211325
Chula Vista, CA 91921 U.S.A.

¿Para quién es la semilla y por qué?

Explique por qué el pan es una semilla muerta.

¿Cuáles son los impedimentos para multiplicar tu capital?

¿Qué marca el índice de nuestra entrega espiritual?

¿Qué pasa cuando no se entiende cuál es el propósito de la abundancia?

Principios aprendidos en este manual:

Textos o frases a memorizar:

Ajustes que debo hacer a mi manera de pensar:

_____
_____
_____
_____
_____
_____
_____

Otras notas:

_____
_____
_____
_____
_____
_____
_____
_____
_____
_____

# Formando líderes con mente de reino

Con más de treinta y cinco años de ministerio, y una reconocida trayectoria internacional, que incluye estrechas relaciones con economistas, dignatarios y aquellos que moldean las culturas presentes en las naciones, el autor ha mostrado ser una autoridad en la materia de formar líderes.

Escritor, humanitario, moldeador de culturas y precursor de movimientos de cosecha en América Latina. Su mensaje atraviesa generaciones, culturas y naciones. Ha escrito varios libros y asiste a intelectuales, así como a iletrados, en la adquisición de destrezas esenciales y soluciones pragmáticas para comunicar esperanza con valentía en entornos complejos, y a veces hostiles.

Sus concentraciones masivas y misiones humanitarias han atraído grandes multitudes durante años guiando a miles a una relación personal con Jesucristo.

Él, su esposa y sus tres hijos, viven en un suburbio de San Diego en California, desde donde se coordinan todos los eventos de la asociación que lleva su nombre.

**Trabajo de JA Pérez con líderes de Latinoamérica**
Cuando una ciudad o provincia es impactada, con frecuencia gobernantes y líderes nacionales —senadores y congresistas— asisten al evento y reconocen el movimiento, pero los frutos mayores del proyecto completo son las miles de vidas que son transformadas por el poder del evangelio. Ese es el principal propósito de todo — comunicar las buenas noticias de Cristo.

**Líderes con visión global**
Los líderes que equipamos en las Américas, son quienes sostienen y dan seguimiento a movimientos de cosecha cada vez que concluye un proyecto a nivel ciudad. Ya equipados para comunicar el evangelio de una manera relevante y culturalmente sensitiva, estos corren con la comisión de hacer discípulos en cada generación y grupo étnico en todas las esquinas del continente.

# Otros libros por JA Pérez

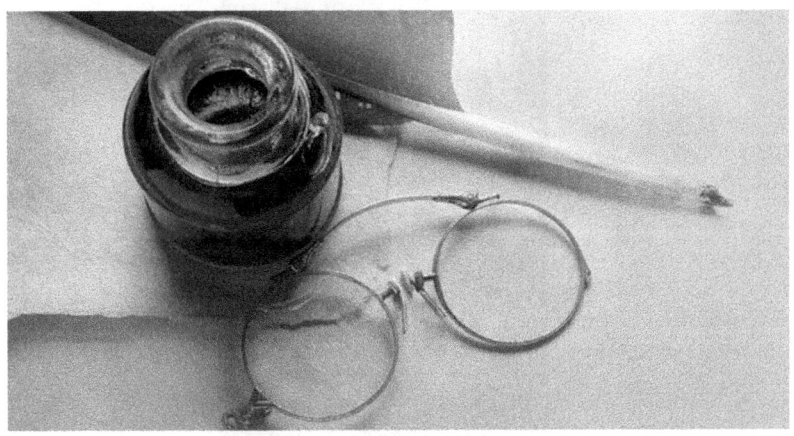

JA Pérez ha escrito más de 50 libros y manuales de entrenamiento. Todos sus libros están disponibles en Amazon.com así como en librerías y tiendas mundialmente. Libros con temas para la familia, empresa, liderazgo, economía, profecía bíblica, devocionales, inspiracionales, evangelismo y teología.

# Serie Líderes

Esta serie está compuesta por doce manuales, con ejercicios y espacios para notas y tareas, de manera que el alumnado pueda recordar y poner en práctica cada uno de los principios aprendidos.

Los principios comprendidos en estos doce manuales también se encuentran en el libro *12 Fundamentos de Liderazgo* para ser usado en lectura regular.

# Series Conferencias

### Discipulado para Nuevos Creyentes y Estudios de Grupos

### Liderazgo, Gobierno y Diplomacia

### Inspiración y Creatividad en Liderazgo

# Temas Varios

Crecimiento Espiritual, Principios de Vida y Relaciones — Recientes

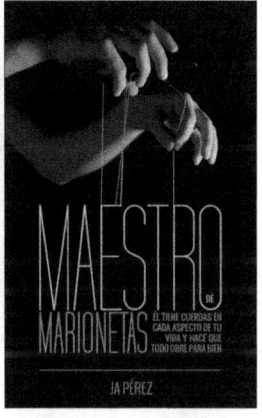

Profecía Bíblica

Teología

Evangelismo y Colaboración

Devocionales

Ficción, Historietas

Crecimiento Espiritual, Principios de Vida y Relaciones — Clásicos

*English*

Evangelism and Collaboration

## Contacte/siga al autor

**Blog personal y redes sociales**

japerez.com

@japereznow

facebook.com/japereznow

**Asociación JA Pérez**

japerez.org

**Keen Sight Books**

www.ingramcontent.com/pod-product-compliance
Lightning Source LLC
Chambersburg PA
CBHW070621050426
42450CB00011B/3095